Warum kaufen Kunden

Über den Autor:

Jürgen Reinhold ist 57 Jahre alt, hat bei einem schwäbischen Gerüsthersteller im Zabergäu die Lehre zum Industriekaufmann gemacht. Dort das kaufmännische Grundwissen erhalten und ist 1990 in die Versicherungsbranche gewechselt. Dort fing er als Aussendienstmitarbeiter an. Seit 1992 ist er als Selbständiger Handelsvertreter im Versicherungs- und Finanzdienstleistungsgewerbe tätig. Nebenbei hat er noch die Weiterbildung zum Versicherungsfachwirt absolviert. Bis heute leitet er als Inhaber ein Versicherungsbüro mit 7 Mitarbeiter*innen.

JÜRGEN REINHOLD

Warum kaufen Kunden

Bibliografische Information der Deutschen Nationalbibliothek
Die Deutsche Nationalbibliothek verzeichnet diese Publikation in
der Deutschen Nationalbibliografie; detaillierte bibliografische
Daten sind im Internet über http://dnb.d-nb.de abrufbar.

Umschlagdesign, Satz und Verlag:
BoD · Books on Demand GmbH, In de Tarpen 42, 22848
Norderstedt
Druck: Libri Plureos GmbH, Friedensallee 273, 22763 Hamburg
ISBN 978-3-7597-1646-0

Inhalt

Einleitung

Welche Art Verkäufer will die Zukunft?

Warum gilt es, sich endgültig vom Verkäufer, der genau weiß, was der Kunde braucht, der den Kunden überredet und niederkämpft, zu verabschieden?

Warum ist »aktive Freundschaft« heute und in der Zukunft der Erfolgsfaktor beim Verkaufen?

Produkte, Dienstleistungen werden in Qualität, Form und Inhalt, aber auch im Bezug auf Preise, Lieferzeiten und Service immer vergleichbarer. Die Werbung ist mit ihren Versprechungen lauter, aggressiver, aber nicht ehrlicher geworden.

Will der Kunde einem Produkt oder einer Dienstleistung noch vertrauen können?

Das ist die Chance des aktiven Verkäufers.

Nur er kann dem Kunden geben, was er wirklich will – die Gewissheit, das Richtige gekauft zu haben. Damit ist der Verkäufer mehr als nur Fachmann, er ist auch mehr als ein Kommunikations-Spezialist. Er ist ein echter Freund und Partner des Kunden.

»Verkäufer und mehr...« zeigt, wie der aktive Verkäufer seine Kunden als Freunde gewinnt, deren Wohl er fördert. Es beinhaltet konkrete, aus den täglichen Erfahrungen von vielen Top-Verkäufern gewonnene Verhaltensweisen, die für jeden Verkäufer Gültigkeit haben, weil sie den Menschen in den Mittelpunkt stellen. Es gibt die Spielregeln an, wie verkaufen Spaß macht und wie sich die begeisternde, dynamische Kraft entwickeln lässt, die letztlich zum Erfolg führt.

»Verkäufer und mehr...« ist der endgültige Abschied vom kämpfenden Verkäufer und der Beginn des gestaltenden, positiven Verkaufens. Der Unternehmer und Business-Motivator Edgar K. Geffroy nennt diesen modernen Typ des Verkäufers treffend »Beziehungsmanager«.

Dem Kunden helfen, das zu kaufen, was er will

Warum macht vielen Verkäufern ihre tägliche Arbeit keine Freude? Weil sie Verkaufen mit Überreden gleichsetzen, gegen die Argumente des Kunden kämpfen oder noch schlimmer: »den Kunden besiegen«. Überzeugendes Verkaufen macht Spaß, weil es dem Kunden hilft, das zu kaufen, was er eigentlich will. Ihm mit Einfühlungsvermögen, Fantasie und Anteilnahme zu etwas zu verhelfen, das sein Wohlbefinden, seine Vorstellungen, sein Leben aufwertet – das ist Verkaufen.

Haben Sie festgestellt, dass Verkaufen im Grunde genommen gar nichts mit dem Produkt oder der Dienstleistung zu tun hat, sondern einzig und allein das Produkt der Beziehung zwischen Kunde und Verkäufer ist?

Darum gibt es auch Verkäufer, die »alles« verkaufen können, während weniger erfolgreiche Verkäufer vom tieferen Preis, vom noch nicht existierenden Produkt träumen.

Sie verkaufen erfolgreich, wenn Sie:

1. den Kunden in seiner ganzen Persönlichkeit und in seinem Umfeld wahrnehmen und wirklich kennenlernen wollen.

2. seine Vorstellungen (Wünsche, Hoffnungen, Ängste, usw.) ergründen, damit Sie ihm das verkaufen können, was er wirklich will.

3. seine Einwände und kritischen Fragen nicht als persönliche Angriffe werten, sondern als Zeichen, dass Sie noch nicht die positiven Vorstellungen des Kunden zu Ihrem Angebot gefunden haben.

4. das Gespräch mit dem Kunden als ernsthaftes Spiel betrachten. In einem gleichwertigen Wettbewerb macht auch der Spielpartner ab und zu einen Punkt. Darum sollten Sie sich über eine intelligente Frage, eine treffende Bemerkung des Kunden freuen – auch wenn sie für Sie unbequem ist.

5. mit Beharrlichkeit (immer wieder) das Gespräch mit dem Kunden suchen und sich durch seine Ausreden und sein Abwimmeln nicht entmutigen lassen.

6. durch Offenheit und Ehrlichkeit eine vertrauensvolle Basis schaffen. Die meisten Kunden kaufen, weil sie uns glauben. Enttäuschen Sie sie nicht – sie haben Besseres verdient.

7. sich auf den Kundenbesuch gut vor-bereiten. Sie sind richtig vorbeireitet, wenn Sie: *fachlich* – alle Unterlagen, Muster, Kalender, usw. in Griffnähe haben, *geistig* – wenn Sie Ihre Vorgehensweise durchdacht haben, *seelisch* – wenn Sie sich freuen, den Kunden zu treffen.

Verkaufen ist die Kunst, für unser Produkt, unsere Dienstleistung den Schlüssel zu den Gefühlen des Kunden zu finden. Damit er das bekommt, was er will!

Schlüsselfragen

1. *Nehme ich den Kunden und seine Umwelt wirklich wahr? Will ich ihm tatsächlich helfen, das zu bekommen, was er wirklich will?*

2. *Schätze ich meine Kunden? Habe ich meine Kunden gern?*

Bin ich beharrlich? In meiner Vorbereitung, in meinen Kundenbesuchen, in meiner Freude am Verkaufen?

Erstkunden gewinnen – mögliche Kunden nicht warten lassen

Die Akquisition von Erstkunden gilt als hart und mühsam. Es stimmt: Neukunden zu gewinnen ist aufwendig, zeitintensiv, und oft ist der Erfolg nicht unmittelbar sichtbar.

Es gibt deshalb viele Verkäufer, die es vorziehen, 200 Kilometer weit zu einem altbekannten Kunden zu fahren, wo nichts passiert, als über die Straße zu gehen und im Nachbarhaus einen neuen Kunden zu gewinnen.

Warum?
Für einige Verkäufer ist der Aufwand, immer wieder neue Kunden kennenzulernen, zu groß. Sie pflegen lieber ihren bekannten Kundenkreis. Die meisten Verkäufer gestehen sich ein, dass sie sich unwohl fühlen, wenn sie Neukunden gewinnen sollen. Sie fürchten sich – und dies ist der Hauptgrund, warum Fremdakquisition nicht sehr beliebt ist –, bei zehn Kontakten neunmal abgelehnt zu werden.

Wie für alle Menschen ist so eine Ablehnung ein Schlag für unser Selbstwertgefühl. Wer will das schon? Diese Betrachtungsweise ist verständlich – trotzdem ist sie falsch! Ist Ihr Produkt oder Ihre Dienstleistung etwas Sinnvolles? Dürfen Sie mit gutem Gewissen behaupten, dass Ihr Produkt/Ihre Dienstleistung dem Kunden etwas bringt, ihm nützt, ihn unterstützt, zufrieden, ja vielleicht sogar glücklich macht? Oder allgemein ausgedrückt: Ist ihr Produkt/Ihre Dienstleistung es wert, verkauft zu werden? Wenn also das, was Sie verkaufen, etwas Wertvolles ist, warum lassen Sie dann so viele Kunden warten, denn gerade Ihr Angebot nützlich sein könnte? Da wir nicht wissen können, welcher mögliche Kunde unser Produkt/ unsere Dienstleistung jetzt braucht, ist es wichtig, möglichst viele Neukunden jetzt anzusprechen. Lassen wir sie nicht warten!

Sie gewinnen Neukunden, wenn Sie

1. überzeugt sind, dass Ihr Produkt/Ihre Dienstleistung für den Kunden nützlich und sinnvoll sein kann.

2. Ihre möglichen Neukunden nicht warten lassen, weil sie auch ein Recht darauf haben, von Ihrem Angebot zu profitieren.

3. den richtigen Gesprächspartner wählen (mit Hans reden, nicht mit Hänschen).

4. sich ernsthaft vorbereitet haben und Ihre konkreten Ziele, Ihr Angebot und Ihre Alternativen kennen.

5. Ihre Akquisitionstätigkeit nicht nur planen, sondern konsequent und beharrlich auch aktiv umsetzen.

6. sich die Frage stellen: »Was wage ich heute?« Und mutig jene Erstkunden ansprechen, vor denen Sie sich bis heute gedrückt haben.

7. sich auf den Gesprächspartner einstellen: Was weiß ich über ihn? Was interessiert ihn? Warum freue ich mich auf ihn?

8. die drei wichtigsten und wertvollsten Einstiegs-fragen (individuell auf den Kunden zugeschnitten) schriftlich vorbereitet und mindestens einmal laut sich selbst vorgelesen haben.

Verkäufer, die Erstkunden gewinnen, sind wie Berg-steiger: voller Selbstvertrauen, mutig, zäh und aus-dauernd, trotzdem klug und abwägend. Und wenn Sie den Gipfel erreicht haben, genießen Sie Ihren Erfolg und freuen sich auf die nächste Herausforderung.

Schlüsselfragen

1. *Wie lauten meine wichtigsten Einstiegs-fragen (W-Fragen)?*

2. *Welche potenziellen Kunden lasse ich (schon lange) warten?*

3. *Womit beginne ich sofort?*

Sich vorbereiten und auf den Kunden einstellen

In unserem hektischen Alltag bleibt für eine wirkliche Vorbereitung oft zu wenig Zeit. Viele Verkäufer verlassen sich dann auf ihre Routine, vertrauen darauf, dass sie die notwendigen Unterlagen dabeihaben und dass ihnen schon »etwas einfällt«. Manchmal geht es gut, jedoch ab und zu läuft es dann schief. Haben Sie auch schon erlebt, dass Ihnen gerade der Prospekt fehlte, den Sie sonst immer mit sich führen und der Ihnen jetzt besonders hilfreich wäre?

Oder haben Sie auch schon (im Nachhinein!) feststellen müssen, dass das Gespräch mit dem Kunden in eine völlig andere Richtung lief?

Oder haben Sie auch schon ein Kundengespräch als Pflichtübung hinter sich gebracht? Lustlos und unmotiviert?

Sich vorzubereiten kostet tatsächlich einige Minuten. Dies ist jedoch eine Investition in unseren Tagesablauf, die sich mehrfach auszahlt. Wir gewinnen ein Viel-faches an Zeit zurück, weil wir konkret und kompetent mit den richtigen Hilfsmitteln arbeiten. Wir lassen uns weniger von unseren Zielen abbringen, weil wir sie klar und deutlich vor uns sehen, und wir sind erfüllt von freudiger Neugier und Erwartung, mit Energie geladen und zupackend, weil wir uns innerlich auf den Kunden einstimmen.

Sie sind richtig vorbereitet, wenn Sie

1. Ihre Verkaufs- und Gesprächsziele schriftlich fest-halten. Schriftlich deshalb, weil sie dadurch präzise und klarer werden.

2. Ihre Unterlagen sorgfältig auf Vollständigkeit prüfen und den Satz an fehlendem Dokumentations-material sofort wieder ergänzen.

3. sich auf den Kunden einstimmen. Suchen Sie eine überzeugende Antwort auf die Frage: »Warum lohnt sich das Gespräch mit den Kunden?«.

4. sich den positiven Verlauf des Gesprächs vorstellen, sodass er plastisch wie ein Film vor Ihrem inneren Auge abläuft und Sie mit ermutigenden Gefühlen beschwingt.

5. Ihre zehn wichtigsten Schlüsselfragen präzise formuliert haben.

6. Ihre äußere Erscheinung den Erwartungen und Gewohnheiten des Kunden angepasst haben, damit er sich mit Ihnen wohlfühlen kann.

7. Ihre »Hausaufgaben« gemacht haben und für Ihren Kunden ein kompetenter, informierter Gesprächspartner sind.

Vorbereitung ist der Schrittmacher des Erfolgs! Sie beweist unserem Kunden, warum wir für ihn der richtige Partner sind:
durch unsere Kompetenz, unsere klare Vorgehensweise und durch unsere Gelassenheit.

Vorbereitung in einem Versicherungs- oder Finanzdienstleistungsbüro findet oft im Team statt. Die Vertriebsassistenz sollte beim Termintelefonat oder einer E-Mail den Kunden schon so vorbereiten, dass er weiß, was ihn erwartet und was der Termin für ihn und nicht für Sie bedeutet, d.h. den Mehrwert schon ankündigen.

Diesen Mehrwert bieten nur zehn bis 15 Prozent der Branche.

Schlüsselfragen

1. Warum lohnt sich das Gespräch mit dem Kunden?

2. Wie will ich meine Zeit planen, damit ich mich wirklich vorbereiten kann?

3. Denke ich schriftlich, d.h., schreibe ich meine Ziele klar und strukturiert auf?

Die erste Begegnung

Wie lange brauchen Sie, um einen Menschen sympathisch zu finden oder ihn abzulehnen? Es sind oft Bruchteile von Sekunden, nicht wahr? Das positive oder negative Gefühl ist einfach da, ohne jedes Dazutun. Wie lange brauchen wir, um unseren ersten Eindruck zu korrigieren? Stunden, Tage, ja Monate. Manchmal lassen wir es gar nicht zu, unsere Meinung zu ändern.

Genauso verhalten sich unsere Kunden. Sie be- oder verurteilen uns in den ersten Sekunden unserer ersten Begegnung. Wie wollen wir ein erfolgreiches Verkaufsgespräch führen, wenn unser möglicher Kunde uns gar nicht zuhört, weil er uns (!) ablehnt?

Die erste Begegnung gewinnen, beginnt bei den Äußerlichkeiten. Gepflegt sein heißt nicht, wie ein Dressman herumzulaufen, sondern bedeutet, auf eine saubere, angemessene Erscheinung zu achten, wie sie unser Kunde erwartet.

Körpergeruch, Schuppen, zerknitterte Hosen, schmutzige Schuhe, abgenützter Aktenkoffer usw.

sind keine Sympathieträger. Sie dienen auch schlecht als Demonstration der persönlichen Freiheit.

Damit Sie sich für die erste Begegnung mit Ihren Kunden sicher fühlen, sollten Sie sich selbst gefallen. Sie sollten »gut aussehen«.

Attraktiv aussehen genügt aber nicht, wenn es in Ihrem Herzen nicht stimmt. Diese erste Begegnung haben Sie erst gewonnen, wenn Sie das Herz des Kunden gewonnen haben. Wie soll ein Kunde uns mögen, wenn wir ängstlich, unsicher, zögernd oder umgekehrt betont lässig, selbstsicher-arrogant, überheblich auftreten? Wie aber lassen sich unsere Ängste überwinden?

Auch Arroganz ist ein Zeichen von Angst! Um unser flaues Gefühl in der Magengrube zu überwinden, ist eine Voraussetzung entscheidend: die liebevolle Neugier. Liebevoll, um offen, tolerant und vorurteilslos auf den Kunden zuzugehen. Neugier, um ihn als Persönlichkeit in seiner interessanten Vielfalt mit allen seinen positiven Eigenschaften zu entdecken.

Sie werden Ihre erste Begegnung mit dem Kunden für sich entscheiden, wenn Sie

1. wissen, warum Sie sich auf die Begegnung freuen (durch Ihre Vorbereitung haben Sie genügend Gründe!).

2. auf Ihre äußere Erscheinung achten, sodass Sie sich selbst gefallen.

3. mit liebevoller Neugier die Persönlichkeit des Kunden, seinen Lebensraum entdecken und schätzen lernen.

4. in den ersten Sekunden der Begegnung schweigen, damit Sie Ihr Gegenüber wahrnehmen und spüren.

5. dem Kunden die Hand so geben, dass er Ihren Händedruck spürt, etwas Konkretes und Verbindliches.

6. dem Kunden offen in die Augen sehen, weil Sie ja in sein Herz sehen wollen.

7. sich von Herzen freuen, einen neuen, interessanten Menschen zu treffen, der ein Stück Weg mit Ihnen gehen will. Für den ersten Eindruck gibt es keine zweite Chance! Darum lohnt es sich nicht, Schauspieler zu sein. Die Rollen, die Bühnen und der Hauptdarsteller wechseln so oft, dass die Wahrscheinlichkeit, im

falschen Theater zu sein, groß ist. Die sicherste und schönste Rolle ist Ihre eigene Echtheit. Echt sind Sie, wenn Sie erfüllt sind mit liebevoller Neugier. Ihr Lächeln, Ihr Händedruck, Ihr offener Blick kommt dann von Herzen.

Schlüsselfragen

1. Wie sehe ich heute aus? Gefalle ich mir?

2. Warum lohnt sich diese Begegnung?

3. Warum darf der Kunde sich auf die Begegnung mit mir freuen?

Telefonieren – zum Kunden eine Brücke bauen

Die Telefonkommunikation besticht durch ihre Einfachheit, ihre Schnelligkeit und die niedrigen Kosten. Der Nachteil des Telefonierens ist die Einschränkung auf ein einziges Ausdrucksmittel: die Stimme. Unser Auftreten, unser Lächeln, die Gestik, alles bleibt beim Telefonieren verborgen. Ebenso sehen wir nicht, in welchem Zustand wir unseren Kunden antreffen. Ist er gut gelaunt? Oder ärgerlich? Stören wir ihn bei einer wichtigen Arbeit oder hat er gerade Zeit? Richtig telefonieren heißt deshalb, zum Kunden eine Brücke bauen, die uns zueinander führt und die so tragfähig ist, dass sie Vertrauen schafft. Dieser »Brückenbau« beginnt schon, bevor wir den Hörer zur Hand nehmen. Die gute Vorbereitung ist das Fundament für unsere Sicherheit.

Überzeugend telefonieren Sie, wenn Sie:

1. sich gründlich vorbereiten:
   – Was ist mein Hauptziel? Was ist mein Nebenziel?

- Wer ist mein richtiger Gesprächspartner (manchmal ist es die Frau oder die Sekretärin)?
- Welche Unterlagen benötige ich?
- Wann ist der beste Zeitpunkt für das Gespräch (meistens sofort)?

2. die wichtigsten Fragen, besonders die Eröffnungsfragen, schriftlich festhalten.

3. sich auf das Gespräch freuen, weil Sie wissen, warum es sich für den Kunden lohnt.

4. sich entspannen, indem Sie
   - tief durchatmen
   - zwei, drei Töne summen, damit Ihre Stimme frei wird
   - lächeln, damit Ihr Kunde Ihre Gelassenheit spürt.
5. mit einer beschwingten und frischen Begrüßung den wichtigen ersten Eindruck gestalten (»Guten Morgen Frau...«; »Guten Morgen Herr...«).

6. sich selbst kurz und deutlich vorstellen (nichts ist schlimmer, als wenn der Kunde nachfragen muss, mit wem er spricht).

7. aktiv zuhören. Hat der Kunde meinen Namen verstanden? Wie ist seine Reaktion? Erfreut, gleichgültig, ablehnend, neugierig?

8. aich in der Sache kurz und präzise halten. Mit W-Fragen das Gespräch führen und damit Zeit für Zwischenmenschliches schaffen.

9. Alternativen bereithalten, um sich nicht festzufahren. Beispiel: »Was passt Ihnen besser, Montag oder Dienstag?«

10. das Gespräch so beschließen, dass Sie
    - das Ergebnis notieren
    - das Wesentliche zusammenfassen
    - den Kunden die Ergebnisse deutlich bestätigen lassen
    - den Kunden spüren lassen, dass Sie sich über das Gespräch freuen

Ein überzeugendes Telefongespräch beflügelt nicht nur den Kunden, sondern auch Sie.

Nutzen Sie den Schwung aus und führen Sie weitere anspruchsvolle Kundengespräche sofort.

Erfolg zieht Erfolg an!

Schlüsselfragen

1. *Was genau will ich mit meinem Kunden besprechen? (Hauptziel? Nebenziel?)*

2. *Was sind meine wichtigsten W-Fragen und Fragebegründungen?*

3. *Warum lohnt sich das Telefonat für mich und den Kunden?*

Den Kunden überzeugen

Im Wort »Überzeugen« steckt das ganze Geheimnis des erfolgreichen Verhandelns. »Zeugen« heißt bekanntlich etwas Neues zu schaffen. Wenn wir unseren Kunden überzeugen, so haben wir ihm geholfen, »etwas« hervorzubringen, zu erschaffen, dass ohne unsere Hilfe nicht entstanden wäre: eine neue, sinn-volle Vorstellung.

Wenn es uns gelingt, im Kunden eine neue Vorstellung zu entwickeln, die mit unseren Zielen und Bedürfnissen übereinstimmt, so gibt es in unseren Verhandlungen keinen Sieger und keinen Verlierer, sondern zwei Gewinner! Gewinner sein bedeutet, dass beide Seiten zum Verhandlungsergebnis mit Überzeugung »ja« sagen können. Wer auf diese Weise Verkaufsverhandlungen führt, erreicht leichter, in kürzerer Zeit und zu besseren Bedingungen den gewünschten Verkaufsabschluss.

Wie schaffen wir das? Das Geheimnis heißt: Wer fragt, führt! Durch die richtigen, d.h. gut vorbereiteten Fragen führen wir unseren Kunden zu den richtigen

Vorstellungen und damit zu den richtigen Antworten, ohne ihn in seiner Freiheit einzuschränken.

Sie führen Ihre Beratungsgespräche überzeugend, wenn Sie

1. den Kunden mögen und dadurch fähig werden, seine Vorstellungen (auch die weniger erfreulichen) offen anzunehmen.

2. die Vorstellungen des Kunden kennenlernen, indem Sie vorbereitete, intelligente W-Fragen stellen. W-Fragen sind Fragen, die das Gespräch öffnen.

3. aktiv zuhören, d.h. Sie lassen den Kunden spüren, dass Sie ihm wirklich zuhören, dass Sie an seinen Vorstellungen wirklich interessiert sind, dass Sie ihn wirklich verstehen wollen und nicht schon Ihre Antwort präparieren, während er noch spricht.

4. Ihre wichtigsten Fragen gut begründen (»Ich frage Sie deshalb, weil...«), um dem Kunden den Sinn Ihrer Fragen klarzumachen und damit das Vertrauen zu vertiefen.

5. sich auf die »positiven«, d.h. auf die zielorientierten Antworten konzentrieren und sie durch ergänzende

Fragen verstärken und vertiefen (»Wie meinen Sie das genau?« oder »Warum ist dies für Sie wichtig?«).

6. die Gelassenheit aufbringen, »negative« Antworten (Vorstellungen, die nicht zu einem gemeinsamen Ziel führen) nicht zu bekämpfen, sondern sie zur Kenntnis zu nehmen und – wenn nötig – zu schweigen. Ganze Heerscharen von kämpfenden Verkäufern haben schon Recht bekommen, dafür jedoch keinen Auftrag.

7. den Gesprächsverlauf optimal steuern, indem Sie im richtigen Moment mit einer guten begründeten Frage das Thema wechseln, wenn Sie in eine Sackgasse geraten sind.

Wenn der Kunde kauft, nicht Sie verkaufen, haben Sie es geschafft richtig zu beraten!

Viel geht heute online, weil noch ganz viel Menschen nicht verstanden haben, dass der Kunde ein mündiger Bürger ist.

Schlüsselfragen

1. *Bin ich bereit die Vorstellungen (Argumente, Kritik, Ideen) des Kunden offen anzunehmen?*

2. *Was sind meine zehn vorbereiteten Schlüsselfragen? (W-Fragen)?*

3. *Lasse ich meinen Kunden durch meine Fragen spüren, dass ich ihn verstehe und ihm helfen will, das zu bekommen, was er will?*

Aktiv zuhören

Was ist anstrengender: Zuhören oder selbst reden? Für den größten Teil der Verkäufer/Berater ist es leichter zu reden als wirklich zuzuhören. Warum ist dies so? Weil jeder Mensch dazu neigt, seine eigenen Vorstellungen für wichtig zu halten. Wer hat sich schon selbst dabei ertappt: Ein Kunde spricht von seinen Überlegungen und Erkenntnissen aus seinem beruflichen Alltag, die nicht unmittelbar mit unserem Geschäft zu tun haben. Wir schweigen, tun so, als ob wir zuhören würden, sind aber geistig »ausgestiegen« und warten unruhig auf den Moment, wo wir einhaken können? Dabei verpassen wir vielleicht unscheinbare Nebensätze, die für uns wichtige Informationen erhalten. Es fällt uns leicht, jemanden an »den Lippen zu hängen« und aktiv zuzuhören, der uns fasziniert und den wir ernst nehmen. Ernst nehmen heißt, seine Aussage für wichtig halten.

Wichtig auch für uns! Erst wenn wir unseren Kunden ernst nehmen und er für uns wichtig ist, öffnen sich unsere Ohren. Dann nehmen wir seine Worte wahr und spüren auch, was er uns zwischen den Zeilen zu sagen hat.

Sie hören wirklich aktiv zu, wenn Sie

1. Ihren Kunden mögen und er Ihre Wertschätzung spürt.

2. seine Aussagen ernst nehmen und sie für wichtig halten.

3. auf Worte oder Satzteile gezielt reagieren können: »Was meinen Sie genau mit...?«

4. auf die Nebensätze achten. Sie enthalten sehr oft die eigentliche Substanz der Aussage.

5. den Kunden ausreden lassen, damit er auch seinen Nebensatz fertig sprechen kann.

6. den tieferen Sinn seiner Aussage verstehen wollen (»Warum sagt er das?«).

7. die Vorstellungen und Gefühle des Kunden wirklich kennen lernen wollen, weil Sie ihn mögen, usw. (siehe 1. bis 6.).

Aktiv zuhören ist sehr schwierig, weil wir selbst das eigentliche Hindernis sind. Unsere Ungeduld lässt den

Kunden nicht ausreden. Unsere Besserwisserei »weiß schon«, was er uns sagen will.

Unser Egoismus interessiert sich eigentlich nur für eines:

für uns selbst

Dem Kunden aktiv zuzuhören eröffnet uns neue Welten, bringt uns neue Ideen und lässt uns den Kunden als Mensch erleben.

Schlüsselfragen

1. *Nehme ich meinen Kunden und seine Aussagen wirklich ernst?*

2. *Lasse ich den Kunden ausreden, sodass er auch seine Nebensätze zu Ende sprechen kann?*

3. *Will ich seine Vorstellungen und Gefühle wirklich kennen lernen?*

Präsentieren – den Kunden mein Angebot erleben lassen

Durch die Computertechnik ist es heute jedermann möglich, wunderschöne mehrfarbige Transparentfolien oder Kleinplakate, Tabellen, Säulendiagramme, Statistiken und Texte mit den verschiedenen Schriften herzuzaubern. Als Unterstützung für eine Präsentation ist dies ideal, solange diese Folien Hilfsmittel des Verkäufers sind und nicht umgekehrt!

Die meisten Präsentationen scheitern heute – trotz gekonnter Aufmachung – an der Fülle der Informationen, die den Kunden »erschlagen«, jedoch nicht überzeugen, weil er einfach abschaltet, sich zu langweilen beginnt. Der Kunde möchte nicht nur sogenannte sachliche Informationen, sondern auch den Menschen dahinter spüren. Auch der obligate Scherz auf Transparentfolie ist nichts gegen das Spontane, nicht programmierte, von Herzen kommende Lachen. Und selbst die raffiniertesten Bilder ersetzen den entscheidenden Erfolgsfaktor nicht.

Das ist die eigene Aktivität, die den Kunden unsere Botschaft erleben lässt. Ihre Präsentation ist überzeugend und mitreißend, wenn Sie

1. selbst begeistert sind und Sie Ihre Begeisterung gerne zeigen.

2. genau wissen, warum sich die Präsentation lohnt. Für Sie wie auch für den Kunden!

3. den Kunden mit zündenden Ideen so mitreißen, dass er mitdenkt, sich mitfreut und vor allem sich selbst aktiv einbringen kann, kurz: dass er sie erlebt.

4. genau wissen, was Sie vorführen, demonstrieren wollen und was nicht!

5. die benötigten Hilfsmittel und Unterlagen sauber vorbereitet haben.

6. über die Räumlichkeiten, Licht, Sitzordnung, vorgesehenem Zeitablauf genau informiert sind, sodass Sie Ihre Präsentation den Bedingungen optimal anpassen können.

7. Ihre Präsentation konsequent dahingehend durchgecheckt haben, ob Sie noch etwas weglassen

können. Denn Ihre Präsentation ist nicht dann perfekt, wenn Sie nichts mehr hinzuzufügen haben, sondern wenn Sie nichts mehr weglassen können.

8. genau wissen, warum sich Ihr Kunde auf Ihre Präsentation freuen darf.

Ein Kunde, der Ihre Präsentation aktiv erlebt, indem er durch Mittun Teil der von Ihnen entwickelten Botschaft wird, ist ein überzeugter Kunde. Die überzeugendste Präsentation ist deshalb nicht die der geschliffenen Worte und schönen Bilder, sondern die des Feuers der Begeisterung und des aktiven Erlebens.

Schlüsselfragen

1. *Warum lohnt sich die Präsentation? (Ziel? Freude?)*

2. *Was will ich genau zeigen, erklären, demonstrieren? Was nicht?*

3. *Will ich den Kunden in meine Präsentation einbeziehen, sodass er sie erlebt?*

Einwände meistern

Einwände gehören zum Verkaufsgespräch wie der Schatten zum Licht. Sie sind grundsätzlich ein gutes Zeichen:

Wenn ein Kunde mit uns nicht einverstanden ist, so ist das der Startschuss, jetzt beginnt der eigentliche Verkauf!

Kunden haben tausend Gründe »nein« oder »aber« zu sagen. 999mal sind es nicht objektive Gründe, sondern subjektive Motive (Zweifel, Bedenken, Fragen, Gewinnen wollen, Zeitschinden, usw.), die den Kunden zu ablehnenden oder kritischen Bemerkungen veranlassen.

Der Kunde baut in dieser Phase mit seinen Einwänden eine Art innere Panzertüre auf, die dem Verkäufer den Weg zum Abschluss versperrt. Wie reagieren wir nun als Verkäufer/Berater darauf?

Wir versuchen, wie mit dem Presshammer, unsere Argumente durch den Panzer zu treiben. Zwar schaffen wir das eine oder andere Loch – der Kunde gibt uns Recht, aber nur, um mit einem neuen Einwand seine Position zu verteidigen. Die Tür geht jedoch definitiv nicht mehr auf. Der Kunde kauft nicht. Schlimmer noch: Der Kunde kauft mit größter Wahrscheinlichkeit bei uns nie mehr.

Was hätten wir tun können? Mit dem richtigen Schlüssel – um beim Beispiel der Panzertüre zu bleiben – lässt sich die schwerste, dickste, schlaghammerfeste Tür leicht öffnen.

Was ist der richtige Schlüssel? Fälschlicherweise glauben wir, wir müssten noch schlauer, raffinierter und durchtriebener sein. Aber alle Argumente, die wir bringen, sind Argumente aus dem Kopf und prallen daher am geistigen Beton des Kunden ab. Der Schlüssel ist allein unser Herz und die damit verbundenen Gefühle!

Wenn Sie Einwände des Kunden meistern wollen, dann sollten Sie:

1. nicht gegen den Kunden kämpfen (darf der Kunde eine andere Ansicht vertreten?).

2. den Kunden ausreden lassen (sehr oft widerspricht sich der Kunde selbst).

3. nicht jede negative Äußerung des Kunden als Einwand betrachten (da er Sie und Ihr Produkt oder Ihre Dienstleistung ja nicht dauernd loben kann, ohne seine Verhandlungsoption fahrlässig zu gefährden) und Sie darum ruhig fürs Erste zur Kenntnis nehmen, ohne darauf einzugehen.

4. wirkliche, schwergewichtige Argumente des Kunden nicht bekämpfen, sondern nach dem Motiv fragen: »Warum ist dies für Sie besonders wichtig?« »Welche Konsequenzen hat das für Sie?« »Wie sind Sie darauf gekommen?« usw. (Der Kunde schildert uns seine Hintergründe, die wir für eine Lösung mit einbeziehen müssen).

5. Ihr eigenes echtes Mitgefühl zu den Hintergründen (nicht zu den vorgeschobenen Einwänden!) ausdrücken: »Ich kann Ihre Situation gut verstehen« oder: »Ich erkenne jetzt, in welcher anspruchsvollen Situation Sie sich befinden!«

6. die Frage stellen: »Was gäbe Ihnen das für ein Gefühl, wenn...?«. Schildern Sie dem Kunden die bestmögliche Konstellation, die er durch Ihr Produkt oder Ihre Dienstleistung erreichen kann und seine wahren Hintergründe überwinden hilft.

7. konkret werden: »Bis wann soll die Lieferung erfolgen?« »Wie hoch soll die Rentenauszahlung Ihrer Versicherung mindestens sein?« oder »Wie viel Stück benötigen Sie sofort?«

8. den Kunden von Herzen gernhaben, weil Sie wissen, dass 99 Prozent aller Einwände Angstreaktionen vor einer falschen oder unbefriedigenden Entscheidung sind.

9. ehrlich und offen sein und sich durch Einwände des Kunden nicht einschüchtern lassen (wer sich einschüchtern lässt, ist auch erpressbar).

Einwände sind ein Signal, dass wir noch keine Vertrauensbasis mit dem Kunden geschaffen haben, die uns ermöglicht, die Differenzen zwischen seinen und unseren Vorstellungen in der Verhandlung zu relativieren oder gar auszuräumen.

Die Einwände des Kunden offen, ehrlich und doch gelassen anzunehmen, ist daher die letzte Chance, zum Kunden die Brücke zu bauen, die unseren Preis, unsere Lieferzeiten, unsere Bedingungen anstandslos zu akzeptieren vermag.

Schlüsselfragen

1. *Was habe ich falsch gemacht, dass der Kunde durch seine Einwände mit mir kämpfen will?*

2. *Was sind seine wahren Motive?*

3. *Welche beflügelnde Vision kann ich dem Kunden geben?*

Den Wert und nicht den Rabatt verkaufen

Was für ein Gefühl haben Sie, wenn Ihr Kunde Sie nach dem Preis oder den Kosten für Ihr Produkt oder Ihre Dienstleistung fragt? Fühlen Sie sich genauso gelassen und souverän, wie wenn er Sie gefragt hätte, ob Sie ihm Ihr Produkt auch tatsächlich verkaufen? Üblicherweise befällt uns auf die erste Frage meistens ein leichtes Würgen im Hals.

Wir wagen oft nicht, den Preis zu nennen und versuchen deshalb, mit viel Schauspielkunst unsere Nervosität zu überspielen.

Bei der zweiten Frage würden wir ihm belustigt zustimmen und – als Scherz – ihm antworten, dass wir uns dies noch zu überlegen hätten.

Vielleicht erscheint Ihnen der Zusammenhang auf den ersten Blick etwas seltsam.

Die erste Frage wird uns täglich gestellt. Von der zweiten Frage wagen wir nur zu träumen. In Wahrheit ist zwischen den beiden Fragen im Kern kein Unterschied. Der Kunde hat uns beide Male gefragt, ob wir ihm unser Produkt verkaufen wollen! Denn wenn ein Kunde nach dem Preis fragt, so erwägt er ernsthaft die Möglichkeit, unser Produkt oder unsere Dienstleistung zu erwerben, sofern es seinen Vorstellungen entspricht.

Wenn uns der Kunde bittet, ihm unser Produkt zu verkaufen, dann ist für ihn das Wert-Leistungs-Verhältnis so günstig, dass er befürchtet, wir können uns anders besinnen. Auch zu dieser Stunde werden gewisse Mercedes-Modelle mit bis zu zehn Prozent Aufschlag gehandelt, oder Tickets für berühmte Musicals in London nur mit fünfzig bis hundert Prozent Aufpreis zu bekommen.

Wenn aber der Kunde uns nach dem Preis fragt, dann beten wir innerlich, dass die von uns genannte Zahl seinen Wertvorstellungen entspricht. Der Preis ist deshalb nie eine Zahl, sondern immer die Summe der Wertvorstellungen, die damit verbunden ist.

Sie werden Ihre Preise überzeugend verkaufen, wenn Sie

1. selbst überzeugt sind, dass Ihr Preis fair und angemessen ist.

2. durch Ihr ganzes Verhalten – Ihre Gedanken, Handlungen und Worte dem Niveau Ihres Preises gerecht werden.

3. dem Kunden den Wert und wie er sich zusammensetzt bildlich aufzeigen, damit der Kunde den Wert sieht und damit begreift.

4. die Vorstellungen, Befürchtungen und Wünsche des Kunden wirklich wahr- und damit ernstnehmen, denn Sie allein machen für ihn den Wert unseres Angebotes aus.

5. seine Werte als Bestätigung für Ihren Preis heranziehen und nicht Ihre Wertkriterien.

6. durch sein erschrockenes Gesicht nach Ihrer Preisnennung nicht den Preis rechtfertigen, sondern gemeinsam einen machbaren Zahlungsmodus entwickeln.

7. sich nicht erpressen lassen, sondern Ihr echtes Gefühl zeigen: lachen, wenn es Sie amüsiert, schweigen und den Kunden ruhig ansehen, wenn Sie seine Reaktion nicht verstehen, Ihre Enttäuschung ausdrücken, wenn Sie sein Verhalten als unfair empfinden.

8. ehrlich und offen »nein« sagen zu Forderungen des Kunden, die für Sie nicht akzeptierbar sind und Ihr Gefühl ruhig und bestimmt ausdrücken (nicht Ihre Rechtfertigung).

Preisdiskussionen sind der Maßstab unserer Kunden-beziehungen: Habe ich Angst vor dem Preisgespräch, so habe ich Angst vor dem Kunden. Habe ich Freude an meinem Kunden, so werde ich ihm gerne verkaufen, was er braucht – zu meinem Preis.

Schlüsselfragen

1. *Was gewinnt der Kunde durch mein Produkt oder meine Dienstleistung?*

2. *Wie kann ich dem Kunden helfen, den für ihn »richtigen« Wert des Produktes oder der Dienstleistung zu erkennen, damit sich für ihn der Kauf lohnt?*

3. *Warum führe ich mit meinem Kunden gerne ein Preisgespräch?*

Den Kunden zum Handeln ermutigen

Warum ist das erfolgreiche Abschließen so schwer? Warum schließt sich das eine Verkaufsgespräch fast automatisch selbst ab, während andere völlig danebengehen?

Der Abschluss ist das Nadelöhr des gesamten Verkaufsgespräches. Der Kunde soll sich entscheiden, ob er kaufen will oder nicht. Hier zeigt sich unerbittlich die Qualität unserer vorangegangenen Verhandlungen. Haben wir dem Kunden jedoch geholfen, seine Vorstellungen von Nutzen und Wert so aufzubauen, dass er seine Vorteile, die er durch unser Produkt oder unsere Dienstleistung gewinnt, klar erkennt, dann ist der Abschluss der letzte, logische Schritt.

Erfolgreich abschließen bedeutet, aus der Fülle der Vorstellungen, Informationen und Gefühle des Kunden jene herauszuheben, die für ihn so stark und attraktiv sind, dass er den Mut findet, die letzte Hemmschwelle zu überwinden und »ja« zu sagen.

Wer den Kunden mag und damit mit offenem Herzen und hellwach aktiv zugehört hat und wer zudem mit intelligenten W-Fragen dem Kunden geholfen hat, zu erkennen, was er eigentlich will, der kann jetzt leicht und einfach die entscheidende Abschlussfrage stellen.

Wie überzeugen wir einen Kunden, jetzt zu handeln? Indem wir ihm Fragen stellen, denen der Kunde problemlos zustimmen kann und die ihn zum Schluss kommen lassen, jetzt zu handeln, da er in unseren Fragen seine Ideen, Vorstellungen und Gefühle wiedererkennt.

Den Druck, der dadurch entsteht, übt der Kunde auf sich selbst aus. Es ist ein Druck von innen – und er ist so stark, dass der Kunde sich selbst zum Abschluss bringt und sich für unser Angebot entscheidet.

Sie können den Kunden ermutigen, sich für den Kauf zu entscheiden, wenn Sie

1. mit gezielten Fragen die Übereinstimmung zwischen Ihrem Angebot und dem, was er wirklich will, vom Kunden bestätigen lassen (»Ja«-Reaktionen).

2. mit mehreren Fragen hintereinander seine positive »Ja«-Reaktion vertiefen.

3. sich auf seine Aussagen (Vorstellungen, Gefühle usw.) konzentrieren, den Mund halten und – trotz Begeisterung, dass der Kunde kaufwillig ist – keine neuen Aspekte mehr einbringen.

4. den Abschluss nicht zerreden, sondern seine »Ja«-Reaktionen kurz positiv bestätigen (Kopfnicken, kurze, positive Signale, wie »schön«, »gut« usw.).

5. konsequent die Abschlussfrage mit Alternative stellen (z.B. »Wieviel Stück möchten Sie sofort haben?« oder »Wer von Ihnen beiden möchte als erster unterschreiben?« oder »Ab wann soll der Vertrag gelten, ab sofort oder erst per Ersten des nächsten Monats?«)

6. wenn der Kunde noch zögert, sich selbst in die Waagschale zu werfen: »Darf ich Ihnen gratulieren?«

7. Nach dem Abschluss-Ja des Kunden: »Ich freue mich für Sie« (...dass der Kunde sich seine Vorstellungen erfüllt).

Das Geheimnis des Abschlusses besteht darin, den Kunden zu ermutigen, sich das zu erfüllen, was er möchte – auch wenn er es nicht unbedingt braucht.

Deshalb sind auch die »vernünftigen« Argumente nicht immer die abschlussstärksten, sondern es sind die, welche sein Herz treffen.

Schlüsselfragen

1. Wann ist der richtige Zeitpunkt für die Abschlussfragen?

2. Welches sind die sieben wichtigsten und positiven Aspekte, die der Kunde an unserem Produkt oder Dienstleistung sieht?

3. Wie lauten meine konkreten Abschlussfragen, damit der Kunde mit einem »Ja!« antworten kann?

Reklamationen – die Enttäuschung des Kunden verstehen

Reklamationen von Kunden werden fälschlicherweise als »Katastrophen« angesehen.

Dabei sind sie vielmehr echte Chancen für uns: Wir haben erstens eine ausgezeichnete Gelegenheit, unserem Kunden zu beweisen, wie zuverlässig, professionell und engagiert wir wirklich sind. Und zweitens hilft uns jede Beschwerde zu erkennen, wo wir noch besser werden können. So gesehen sollten wir dem Kunden, der reklamiert, dankbar sein, denn ein verärgerter Kunde, der uns nichts sagt, dafür nicht mehr bei uns kauft, nützt uns auch nichts.

Einer Reklamation liegt immer eine Enttäuschung des Kunden zugrunde. Er fühlt sich getäuscht in seiner Erwartung und ist deswegen verärgert. Er hat das Gefühl, im Recht zu sein. Es ist deshalb nicht entscheidend, ob der Kunde objektiv recht hat oder nicht.

Die Kunst, mit Reklamationen ernsthaft und richtig umzugehen, ist deshalb die Kunst, mit den Gefühlen des Kunden richtig umzugehen. Kundenreklamationen werden dann für Sie eine Chance, wenn Sie

1. dem Kunden aktiv zuhören, ihn ausreden lassen und schweigen.

2. sich in seine Situation versetzen und analysieren, ob sein Ärger sowie seine Angst berechtigt ist und Sie seine Angst verstehen können.

3. an seiner Situation Anteil nehmen und keine Rechtfertigungen und Ausreden vorbringen (selbst wenn Sie für die Beanstandung nicht verantwortlich oder sogar unschuldig sind).

4. den Kunden spüren lassen, dass Sie ihm helfen wollen (selbst wenn der Fehler beim Kunden liegt).

5. wenn nötig den Kunden fragen, ob er Ihnen vertraut? (wenn schon nicht dem Produkt oder Ihrer Firma).

6. den Kunden um einen fairen Lösungsvorschlag bitten. (99 Prozent der Kunden sind fair, wenn man ihnen Gelegenheit dazu gibt!)

7. dem Kunden für sein Vertrauen und seine Offenheit herzlich danken.

Jeder Kunde will uns vertrauen können, er hat damit ein Anrecht auf unsere Offenheit und Ehrlichkeit.

Enttäuschen wir ihn nicht mit Rechtfertigungen und Ausreden!

Gerade die Behandlung einer handfesten Beanstandung beweist, ob wir weiterhin ein guter und glaubwürdiger Partner für unseren Kunden sind.

Schlüsselfragen

1. *Was können wir aus der vorgefallenen Beanstandung lernen?*

2. *Kann ich die Situation, den Frust und Ärger des Kunden verstehen?*

3. *Was kann ich tun, um das Vertrauen des Kunden wiederzugewinnen?*

Den Erfolg durch Planung anpeilen

Wer die Wüste durchqueren will, wird bestimmt nicht einfach losmarschieren, sondern seine Route, seine Ausrüstung und sein Vorgehen genau planen, um bestimmt die nächste Oase zu erreichen. Verkaufen ist vergleichbar mit einer Expedition durch die Wüste: strapaziös, herausfordernd und nur dann erfolgreich, wenn wir die Oase, unseren Kunden, erreichen. Damit wir nicht »in der Wüste umherirren«, somit unsere Zeit vergeuden und viel Aufwand betreiben ohne zählbare Ergebnisse, ist Planung notwendig. Die Planung gibt Antworten auf die Fragen:

Schlüsselfragen

1. *Was will ich genau? Was ist mein Hauptziel, was sind meine Nebenziele?*

2. *Wie will ich vorgehen? (Was tue ich, wenn...?)*

3. *Wie will ich meine Zeit optimal dafür einsetzen?*

Sie werden durch eine klare Planung Ihre Ziele erreichen, wenn Sie

1. Ihre Planung schriftlich festhalten. Sie verhelfen sich dadurch zu präzisen Aussagen, was Sie wirklich wollen.

2. Kontrolldaten festlegen, an denen Sie Ihre bis dahin geleistete Arbeit überprüfen und allenfalls Kurskorrekturen vornehmen können.

3. genügend Zeit für die Vorbereitung der einzelnen Kundenbesuche vorsehen.

4. Ihre Routenplanung den neuen Verkehrsgegebenheiten und Kundenbesuchsorten anpassen (ein längerer Reiseweg wird nicht kürzer, nur weil wir ihn »immer schon« gefahren sind).

5. den Rhythmus Ihrer Kundenkontakte optimieren (Wann rufe ich an? Wann besuche ich den Kunden?). Denken Sie daran: die vernachlässigten »guten« Kunden sind am meisten gefährdet!

6. persönliche und geschäftliche Ziele und die dafür notwendige Zeit aufeinander abstimmen (Urlaub, Weiterbildung, Geschäftsreisen usw.).

7. konsequent und diszipliniert an der Umsetzung Ihrer Planung arbeiten. Die Planung ist eine Vereinbarung mit uns selbst! Halten wie sie ein, wir wollen uns ja nicht selbst betrügen.

Es liegt an uns, ob wir durch eine klare Planung unser Leben selbst in die Hand nehmen und damit den Erfolg anpeilen oder ob wir uns von anderen treiben lassen.

Schlüsselfragen

1. *Habe ich eine schriftliche erstellte klare Planung (Jahres-, Monats-, Wochen-, Tagesplanung)?*

2. *Was sind meine Hauptziele, meine Neben- ziele, die ich erreichen will?*

3. *Wie will ich mich selbst kontrollieren, damit ich meine geplanten Vorsätze realisiere?*

Selbstführung als Zeitmanagement

Untersuchungen haben gezeigt, dass der durchschnittliche Verkäufer pro Monat 160 Stunden arbeitet, jedoch nur knapp fünfzig Stunden seiner eigentlichen verkäuferischen Tätigkeit widmet. Wie viel Zeit investieren Sie für effektive Kundengespräche? Es gibt tausend Gründe (und Ausreden), warum wir nicht mehr Zeit für unsere direkten Kundenkontakte haben. Sicher ist jedoch, dass wir unsere zur Verfügung stehende Zeit zu oft verplempern.

Bewusstes Zeitmanagement hilft uns, unsere Arbeitszeit zielorientiert einzusetzen und optimal zu nützen. Konsequentes Zeitmanagement bewahrt uns davor, »dringend« mit »wichtig« zu verwechseln. Viele Dinge sind dringend (»Rufen Sie sofort Firma X an!«), aber sie sind deshalb noch lange nicht wesentlich oder wichtig. Viele wesentliche Aufgaben (z.B. die Statistik der Verkäufe im letzten Jahr) sind andererseits nicht dringend.

Wenn Sie sich selbst dazu führen wollen, Ihre begrenzte Zeit optimal zu nützen, dann sollten Sie:

1. Ihre Tagesziele knapp und präzise schriftlich festhalten.

2. Ihre Prioritäten nach wesentlich und dringend ausrichten.

3. sich entscheiden, was Sie heute nicht tun werden, und es neu terminieren.

4. sich Zeit für eine sorgfältige Verkaufsplanung einräumen.

5. Ihre Fahrzeit zum Kunden großzügig bemessen, damit Sie stressfrei fahren und die Zeit für Ihre mentale Vorbereitung nutzen können.

6. Zeit einplanen für das Bereitstellen Ihrer Unterlagen, Dokumentationen, Präsentationsmaterialien usw.

7. Ihren Arbeitsalltag strukturieren: Wann mache ich was? Wie lange mache ich was? Tragen Sie auch Ihre Pausen ein, die Sie vorhaben, damit Sie arbeiten, wenn Sie arbeiten, und Kaffee trinken, wenn sie Kaffeetrinken und nicht beides miteinander vermischen.

8. halbjährlich, besser vierteljährlich, eine Zeitanalyse Ihrer Tätigkeiten durchführen.

9. die Dinge, die Sie sich vorgenommen haben zu tun (z.B. ein unangenehmes Telefongespräch), sofort erledigen und nicht vor sich herschieben.

Wer seine Zeit im Griff hat, hat auch sein Leben im Griff. Darum ist Zeitmanagement mehr als nur der Umgang mit Stunden und Minuten. Es ist der Umgang mit sich selbst.

Schlüsselfragen

1. *Was will ich an meinem Zeitmanagement ändern? Was tue ich ab heute neu? Was mache ich ab heute nicht mehr?*

2. *Wie sieht mein Tagesplan aus? Was sind meine Prioritäten?*

3. *Wie kann ich meine Kundengespräche effizienter gestalten?*

Dem Kunden treu sein

Welches ist der am meisten gefährdete Kunde? Ist es unser größter, wichtigster Kunde? Nein, es ist üblicherweise unser »guter« Kunde. Der Kunde, den wir schon lange haben; der Kunde, der seit Jahren bei uns kauft. Gerade die treuen Kunden werden oft sträflich vernachlässigt. Wie bei einem alten Ehepaar hat man sich aneinander gewöhnt, die Aufmerksamkeit lässt nach, das Interesse schwindet – bis es zu spät ist. Der beharrliche Verkäufer der Konkurrenz nimmt unseren Platz ein. Kundenbetreuung heißt, am Leben des Kunden teilhaben, sich für ihn interessieren, nachfragen, nicht nur, um die nächste Bestellung aufzunehmen, sondern um ihm unsere Anteilnahme an seinem (Verkaufs-) Leben zu signalisieren.

Kurzum: Ihn spüren lassen, dass wir nicht nur unser Produkt oder unsere Dienstleistung verkaufen wollen, sondern für ihn auch ein Partner sind.

Ein »aktiver Freund«, der auch nach Abschluss noch immer für ihn da ist.

Sie setzen Ihre Kundenbetreuung optimal um, wenn Sie

1. den Kunden in seinem Abverkauf persönlich und aktiv unterstützen.

2. Ideen einbringen, die dem Kunden zeigen, dass Sie mit ihm mitdenken.

3. sich bei Gelegenheit beim Kunden nützlich machen (z.B. Ihre Jacke ablegen und selbst aktiv Hand anlegen).

4. den Kunden anrufen, um ihn über eine für ihn wichtige Beobachtung zu informieren.

5. sich zum Geburtstag des Kunden melden (Telefon, Karte, Anschreiben, kleines Geschenk usw.).

6. bei Serviceleistungen persönlich nachfragen, ob alles zur Zufriedenheit des Kunden abläuft.

7. den Kunden bei jeder Begegnung ermutigen und ihn durch Ihre Lebensfreude beschwingen.

8. dem Kunden (es kann auch der Chef oder der Ehepartner sein) für wichtige Kundengespräche Ihre Unterstützung anbieten.

9. Adresse und Anschrift hinterlassen, sodass der Kunde Sie jederzeit erreichen kann (Telefon/Fax/E-Mail).

Schlüsselfragen

1. *Bin ich auch bereit, für meine Kunden da zu sein, nachdem sie gekauft haben und im Moment kein neuer Auftrag ansteht?*

2. *Welche Art von Unterstützung (Ideen, aktive Mithilfe, usw.) dürfen die Kunden von mir erwarten?*

3. *Welches sind meine »guten Kunden«, die ich vernachlässige?*

Für den Kunden ein »aktiver Freund« sein

Warum kauft ein Kunde gerade bei uns? Bietet die Konkurrenz nicht ein qualitativ vergleichbares Produkt, eine vergleichbare Dienstleistung an? Ist das Preis-Leistungs-Verhältnis des Mitbewerbers nicht ebenso attraktiv? Seine Rabatte zum Kopfschütteln hoch? Seine Werbung auch nicht schlecht? Seine Bemühungen um einen guten Service nicht genauso groß wie bei uns?

Warum also schließt der Kunde ausgerechnet mit uns ab? Die Antwort ist einfach: Er kauft nicht unser Produkt oder unsere Dienstleistung. Er kauft letztendlich uns! Es gibt in den Augen des Kunden nur einen wirklichen Unterschied zwischen uns und den anderen Mitbewerbern – wir selbst! In unserer Marktwirtschaft werden für denselben Zweck eine Vielzahl von Produkten und Dienstleistungen angeboten, die alle ihre Vor- und Nachteile haben. Für den Kunden ist es daher oft schwer, sich in der Flut der Informationen zu orientieren.

Er braucht den Verkäufer als Lotsen, um zu seiner Entscheidung zu finden.

Deshalb wünscht er sich einen Verkäufer, dem er vertrauen kann und der ihm mit einer stilvollen und positiven Geisteshaltung entgegenkommt!

Hierin ist unsere große Chance! Wer seine Persönlichkeit ehrlich, echt und offen einbringt, wer den Kunden von Herzen mag und es ihn spüren lässt, kurz: wer sich wie ein aktiver Freund verhält, baut zum Kunden eine Brücke, die dem Strom der Mitbewerber trotzt, weil sie in einem festen Fundament, im gegenseitigen Vertrauen, verankert ist.

Sie gewinnen den Kunden zum »aktiven Freund«, wenn Sie

1. konsequent selbst ein aktiver Freund sind! Das heißt, wenn Sie wie ein wirklicher Freund konsequent ehrlich, kooperativ, initiativ, offen, humorvoll, usw. sind.

2. konsequent selbst ein aktiver Freund sind! Es steht hier bewusst zweimal, damit Sie fühlen und spüren, wie ernst ich es meine.

3. aufmerksam und bewusst die zehn positivsten Merkmale, die Ihren Kunden auszeichnen, wahrnehmen und spontan nennen können.

4. selbst Lebensfreude ausstrahlen und an den Erfolg glauben.

5. mutig den Grundsatz leben: »Was wage ich heute?«

6. wahr, klar und verständlich sprechen.

7. sich über ihre persönlichen Stärken freuen und an den eigenen(!) Schwächen geduldig und stetig arbeiten.

8. es Ihnen Freude bereitet, jeden Kunden zum aktiven Freund zu gewinnen.

9. die Kunden, mit denen Sie zusammentreffen, ermutigen, den anderen Menschen gegenüber ebenfalls ein aktiver Freund zu sein.

Warten – ja sehnen sich die Kunden nicht gerade nach Verkäufern, die mehr sind als Anbieter von Produkten oder Dienstleistungen, mehr sind als »Problemlöser«?

Und umgekehrt: Gibt es für einen Verkäufer etwas Schöneres, als dass seine Kunden auch seine Freunde sind? Ich glaube nicht.

Schlüsselfragen

1. Bin ich für meine Kunden ein »aktiver Freund«?

2. Was sind meine größten Ängste, die mich hindern, offen und ehrlich mit meinen Kunden zu sein?

3. Worauf darf sich ein Kunde freuen, wenn ich ihm als Verkäufer begegne?

Den digitalen Wandel als Chance nutzen

Mit all dem, was sie nun gelesen haben, muss es zukünftig auch digital gehen. Alle Verkäufer, die sich auf diesen Weg gemacht haben, werden erfolgreicher sein als andere Kollegen. Eine Webseite hat heute jeder. Sie brauchen ein USP, ein Alleinstellungsmerkmal. Wenn Sie, wie ich, in einer Branche tätig sind, die immer digitaler wird, weil der Endkunde nicht mehr bereit ist, die Margen von früher zu bezahlen, können Sie nur mit Ihrer Leistung glänzen, und zwar durch digitale Lösungen.

Das bedeutet nicht, dass sie nicht mehr zum Kunden sollen. In einer Zeit wie dieser werden Kunden jedoch vermehrt am Laptop sitzen. Die Bestellung geht an ihnen vorbei, wenn sie nicht bei ihrem Kunden schon auf dem Rechner sind. Oder Sie geben der Online-Beratung eine Chance. Sie hat es verdient.

Junge Entscheidungsträger haben keine Ängste vor Skype, Zoom, Teams und Co. Die erwarten sogar, dass Sie auch in einer Pandemie den Kontakt pflegen.

Das habe ich mit meinem Team 2020 gespürt. Wir waren präsent, obwohl wir uns nicht immer gesehen haben. 2020 war ein besseres Jahr als 2019, obwohl wir einen Verkäufer weniger an Bord hatten. Freundschaft kann auch digital gelebt und gepflegt werden. Ich gebe dazu ein privates Beispiel. Ich singe im Chor »da capo Bönnigheim«. Unser Chorleiter hat es in der Pandemiezeit geschafft, siebzig Prozent der Sängerinnen und Sänger jeden Donnerstag via Zoom zu begeistern. Heute sieht er schon an unseren Mundbewegungen, ob wir richtig singen oder nicht. Genauso erkenne ich bei einem Kunden, ob er Ablehnung zeigt oder bereit ist zu kaufen. Der Kunde kauft, nicht wir verkaufen, auch digital nicht. Stellen Sie dieselben Fragen, die Sie auch stellen würden, wenn Sie persönlich mit dem Kunden vor Ort wären. Richten Sie ihren Arbeitsplatz so ein, dass Sie für den Kunden auch gut rüberkommen. Die Vorbereitung ist auch online der Erfolgsbringer. Die Technik muss passen, zwei Bildschirme sind von Vorteil. So können Sie beobachten, wie sich ihr Kunde verhält und gleichzeitig präsentieren, wie Sie es offline vor Ort gemacht hätten – nur mit der neuen Technologie und nicht auf einem Blatt Papier.

Aufgrund der Fahrzeitersparnis können Sie mindestens einen Kunden mehr beraten. Wir wissen aus unseren Erhebungen, dass fünfzig Prozent der Kunden von uns sofort eine Kaufentscheidung treffen. Die restlichen 50% auch noch in der Folge zu 60% kaufen. Der Kunde kauft, wenn er es für richtig hält. Ihre für sich erstellte Unternehmenskultur- und Grundsätze immer der aktuellen Zeit anpassen, sonst bekommen sie irgendwann die Quittung. Der Kunde wird nicht mehr bei Ihnen kaufen. Die Erfahrung mussten wir auch leider schon machen. Damit meine ich nicht jeden Kunden über einen Kamm scheren, sondern individuell nach seinen Bedürfnissen und Wünschen kontaktieren.

Wenn sie normalerweise drei Termine am Tag machen, können sie Digital vier Termine wahrnehmen, gewinnen an Lebensqualität und bekommen 33,33 Prozent mehr Umsatz.

Mit der Digitalisierung können Sie 1/3 mehr umsetzen und haben weniger oder denselben **Zeitaufwand**. Das muss man allerdings konsequent machen, damit die Realisierung stattfindet.

Die Zielgruppe für diese Verkaufsvariante ist unter vierzig Jahre alt. Doch auch Mittelständler mit 55 sind erfolgreich im digitalen Wandel.

Die Daten eines Verkäufers

Bei vielen Verkäufern ist die Einsicht zur Veränderung da. Unser Gesetzgeber hat so viel geändert. Ob das DSGVO oder Widerrufsrechte etc. Darauf muss man heute achten.

Mailings gehen nur noch an DSGVO Kunden, sonst macht man sich strafbar. Nun wissen wir aus unserer Branche, dass es tatsächlich Verkäufer gibt, die nur drei Prozent der Unterschriften haben, um mit dem Kunden zu kommunizieren. – Das nennt man grobe Fahrlässigkeit. So nehme ich mir jegliche Chancen, mit gezielten Aktionen Geschäfte an Land zu ziehen. Diese Verkäufer schaufeln sich ihr eigenes Grab.

Jeder Kunde sollte heute gefragt werden, wie er seine Kommunikation gerne hätte: E-Mail? WhatsApp? Telefon? Zusätzlich sollte erfragt werden, ob der Kunde sich vorstellen kann, Online-Termine zu machen, und wenn ja, mit welcher Plattform. Wir benutzen eine Plattform mit einer konformen

Datenschutzgrundverordnung. Auch da sind Kunden viel empfindlicher geworden.

Es gilt jedoch unverändert die Devise »Daten, Daten, Daten!«

Warum der Vertrieb heute eine Vertriebs- assistenz braucht

Ohne gute Assistent*in funktioniert kein Vertrieb mehr. Die Assistentinnen sollten dasselbe fragen wie der Vertriebler. Das macht dem Vertriebler sein Geschäft einfacher. Der Kunde merkt, dass im Betrieb Professionalität herrscht. Das schafft Vertrauen. Vertrauen, dass durch mehr Geschäft belohnt wird, dass wiederum auch von qualifizierten Assistent*innen erledigt werden darf.

Nachwort

Dieses Büchlein bietet einen kleinen, systematischen Einblick in die tägliche Arbeit meiner kleinen Unternehmung. Es ist aus Seminaren entstanden, die ich gehalten oder besucht habe.

Dabei habe ich festgestellt, dass es auch heute noch Verkäufer und Unternehmen gibt, die nur auf den persönlichen Profit achten und nicht zum Vorteil des Kunden verkaufen. Jeder Verkauf muss für den Verkäufer und Käufer positiv und in der Summe des Wertes für beide eine gleich hohe Bedeutung haben.

Fehlt dieses Gleichgewicht, fühlt sich eine Partei im Nachteil und wird den Kontrakt lösen.

Dank

Danken möchte ich der Württembergischen Versicherung, für die ich arbeite; für ihr Vertrauen und den Stil und Geist des Unternehmens. Nur in einem Umfeld des gegenseitigen Vertrauens sind auch gute Vertriebsleistungen möglich.

Im Besonderen möchte ich mich bei meinen Damen vom Büro und diversen Außendienstmitarbeitern bedanken. Sie machten mir ständig Verbesserungsvorschläge, die meistens in die tägliche Vertriebspraxis integriert werden können.

Ebenso möchte ich mich bei Frau Röckel von der IHK Heilbronn bedanken, die es mir möglich machte, als Dozent für Versicherungsfachwirte und Finanzdienstleistungsfachwirte zu arbeiten. Aus den Seminaren, die ich dort halten konnte, sind viele Erfahrungswerte mit in dieses Büchlein geflossen.

Zuletzt möchte ich allen Kunden danken, die mich mit ihrem Nein zum Abschluss immer wieder motiviert haben, hinter das Geheimnis des Verkaufens zu kommen.